Gesundheitsorientiertes Krafttraining. Individueller Trainingsplan zur Gewichtsreduktion und Steigerung des Selbstbewusstseins

Noah Newel

Bibliografische Information der Deutschen Nationalbibliothek:

Die Deutsche Nationalbibliothek verzeichnet diese Publikation in der Deutschen Nationalbibliografie; detaillierte bibliografische Daten sind im Internet über http://dnb.d-nb.de abrufbar.

ISBN: 9783346387981
Dieses Buch ist auch als E-Book erhältlich.

Druck und Bindung: Books on Demand GmbH, Norderstedt Germany
Gedruckt auf säurefreiem Papier aus verantwortungsvollen Quellen

Das vorliegende Werk wurde sorgfältig erarbeitet. Dennoch übernehmen Autoren und Verlag für die Richtigkeit von Angaben, Hinweisen, Links und Ratschlägen sowie eventuelle Druckfehler keine Haftung.

Das Buch bei GRIN: https://www.grin.com/document/1004683

Deutsche Hochschule für
Prävention und Gesundheitsmanagement
Hermann Neuberger Sportschule 3
66123 Saarbrücken

Einsendeaufgabe

Fachmodul:	Trainingslehre 1
Studiengang:	Sportökonomie – Bachelor (BSÖ)
Datum Präsenzphase:	29.06.2020 bis 02.07.2020
Name, Vorname:	Newel, Noah
Studienort:	**München**
Semester:	**WS 19**

Inhaltsverzeichnis

1 DIAGNOSE 4

1.1 Allgemeine und biometrische Daten 4

1.2 Krafttestung 5

1.2.1 Begründung der Auswahl des Testverfahrens 5

1.2.2 Beschreibung des detaillierten Testablaufes 5

1.2.3 Ergebnisse der Testung 6

1.2.4 Konsequenzen und Schlussfolgerung der Testung 7

2 ZIELSETZUNG UND PROGNOSE 7

3 TRAININGSPLANUNG MAKROZYKLUS 8

3.1 Begründung der Wahl der übergeordneten Trainingsmethode 9

3.2 Begründung der Belastungsparameter 9

3.2.1 Belastungshäufigkeit 9

3.2.2 Anzahl der Übungen pro Muskelgruppe 10

3.2.3 Anzahl der Sätze pro Übung 10

3.2.4 Intensität 10

3.3 Begründung der Organisationsform 11

3.4 Begründung der Periodisierung 11

4 TRAININGSPLANUNG MESOZYKLUS 11

4.1 Begründung der Übungsauswahl 12

4.1.1 Beinpresse horizontal sitzend 13

4.1.2 Beinbeuger sitzend 13

4.1.3 Rückenstrecker sitzend 13

4.1.4 Lat-Zug vertikal sitzend 13

4.1.5 Butterfly-reverse sitzend 14

4.1.6 Bankdrücken an der Multipresse 14

4.1.7 Crunches am Gerät 14

5 LITERATURRECHERCHE 14

5.1 Studie 1: Kardiovaskuläre Effekte eines aeroben versus eines isometrischen Trainings bei
arterieller Hypertonie 14

5.2   Studie 2 Auswirkungen von Ausdauer- vs. Krafttraining vs. Der Kombination Ausdauer-
/Krafttraining auf die systematische Hämodynamik, Gefäßelastizität sowie
Herzfrequenzvariabilität bei Patienten mit arterieller Hypertonie 15

6   LITERATURVERZEICHNIS 15

7   ABBILDUNGS- UND TABELLENVERZEICHNIS 16

7.1   Abbildungsverzeichnis 16

7.2   Tabellenverzeichnis 17

1 Diagnose

In der Diagnose werden anfangs mithilfe des Eingangsgesprächs möglichst viele Informationen und relevante Daten über den Kunden in Erfahrung gebracht. Zum einen werden die allgemeinen Daten (Alter, Geschlecht, Trainingsmotive, etc.) und biometrischen Daten (Körpergröße, Körpergewicht, Blutdruck, etc.) gesammelt, sowie die Leistungsfähigkeit und der Gesundheitszustand festgestellt. Um spätere Ziele besser definieren zu können, ist es notwendig, die Trainingsmotive festzustellen, das Zeitbudget des Kunden zu erfragen und auf mögliche Risikofaktoren einzugehen. Hierzu gehören beispielsweise frühere Verletzungen oder die Einnahme von Medikamenten, um dementsprechend die Trainingsplanung darauf anzupassen.

1.1 Allgemeine und biometrische Daten

Tabelle 1: Allgemeine und biometrische Daten

Allgemeine Daten	
Alter	21.07.1989 (31)
Geschlecht	weiblich
Trainingsmotive	Körperliche Fitness steigern
	Es besteht der Wunsch schlanker zu sein und Übergewicht loszuwerden
	Selbstbewusstsein steigern, durch Wohlfühlen des eigenen Körpers
	Schmerzen im unteren Rücken
Berufliche Tätigkeit	Controlling (ausschließlich sitzend)
Aktuelle und frühere sportliche Aktivitäten	Aktuell: ab und zu mal spazieren
	Früher: zweimal die Woche geturnt
Zeitlicher Verfügungsrahmen pro Woche	Zwei bis dreimal in der Woche
Leistungsstufe	Anfänger
Biometrische Daten	
Körpergröße	168
Körpergewicht	81,3kg
Systolischer Blutdruck	137mm/Hg
Diastolischer Blutdruck	88mm/Hg

Tabelle 2: Blutdruckklassifikation der AHA (American Heart Association)

Kategorie	Systolischer Blutdruck	Diastolischer Blutdruck
optimal	unter 120mm/Hg	unter 80mm/Hg
normal	unter 130mm/Hg	unter 85mm/Hg
hochnormal	130-139mm/Hg	85-89mm/Hg
Stufe 1	140-159mm/Hg	90-99mm/Hg
Stufe 2	160-179mm/Hg	100-109mm/Hg

Stufe 3	>180mm/Hg	>110mm/Hg

Tabelle 3: Allgemeiner Gesundheitszustand

Orthopädische Probleme	LWS-Syndrom
Internistische Probleme	Etwas erhöhter Blutdruck
Ärztliche Behandlungen	Keine
Einnahme von Medikamenten	Keine

Der Blutdruck der Kundin befindet sich in einem hochnormalen Bereich, welcher noch nicht gesundheitsbedenklich ist. Dennoch sollte mehr Wert darauf gelegt werden, den Ruheblutdruck zu stabilisieren, beispielsweise mit einer gesunden Ernährung oder regelmäßigen Sport (Graves & Franklin, 2001, S.242).

1.2 Krafttestung

1.2.1 Begründung der Auswahl des Testverfahrens

Aufgrund der geringen Erfahrung im Krafttraining und niedrigem Leistungszustand der Kundin, ist ein 1-RM-Test, (in diesem Fall) für die Bestimmung der Kraftwerte ungeeignet, da bei diesem Test die maximal erreichbare dynamisch-konzentrische Kraft gemessen wird. Demnach besteht bei dem 1-RM-Test aufgrund der hohen Belastungen ein großes Verletzungsrisiko. An dieser Stelle ist der X-RM-Test am sinnvollsten, da die Kraftmessung über das gesamt bewältigte Gewicht definiert wird, in dem man anstelle eines 1-RM-Tests, einen Mehrwiederholungstest durchführt. Von der Intensitätsbestimmung wäre hier auch abzuraten, denn durch die Unerfahrenheit der Kundin könnte es zu Fehlern kommen, da erfahrungsgemäß weibliche Trainingsanfänger zu gering belasten.

1.2.2 Beschreibung des detaillierten Testablaufes

Der Krafttest kann erst nach einer ausreichenden Aufwärmung der Kundin begonnen werden, damit ihr Körper nicht nur auf die folgenden Belastungen vorbereitet ist, sondern auch die Durchblutung und der Stoffwechsel angeregt wird. Zusätzlich wird durch das allgemeine Aufwärmen die akute Leistungsfähigkeit des Herz-Kreislauf-Systems erhöht und durch die Erhöhung der Körpertemperatur erfolgt eine bessere Versorgung des hyalinen Gelenkknorpels mit Flüssigkeit, um Verletzungen zu vermeiden.

Der erste Testsatz beginnt nach dem allgemeinen Aufwärmen, sowie den jeweiligen Aufwärmsätzen vor jeder Übung an dem Gerät. Das Ziel für ist es, mit dem Gewicht, welches vorher ausgewählt wurde, 15 Wiederholungen zu erreichen. Im ersten Testsatz wird das Gewicht nach der subjektiven Einschätzung des Trainers festgelegt. Im darauffolgenden

Satze wird das Gewicht dem Leistungsstand der Kundin dementsprechend angepasst. Das Ziel hierbei ist, gemeinsam ein Gewicht zu finden, das innerhalb der 15 Wiederholungen geradeso absolviert werden kann. Sollte das Gewicht im zweiten Testsatz entweder zu leicht oder zu schwer sein, so muss ein dritter Testsatz das gewünschte Ergebnis bringen. Zwischen den Testsätzen wird jeweils eine Pause von 3 Minuten eingelegt, damit die Muskeln sich soweit wieder regenerieren können, um für jeden Satz annähernd die gleichen Bedingungen zu schaffen. Die Tab. 4 zeigt den methodischen Ablauf eines X-RM-Tests.

Tabelle 4: Methodischer Ablauf eines Mehrwiederholungskrafttest zur Ermittlung des 12-RM (Testablaufschema nach Zimmer, 1999, S.45-47)

Mehrwiederholungskrafttest (X-RM-Test)	
1. Schritt	Allgemeines und spezielles Aufwärmen
2. Schritt	1. Testsatz • Testgewicht Lat-Zug: Frauen 20 %, Männer 30 % des Körpergewichts • Testgewicht Bankdrücken: Frauen 30 %, Männer 50 % des Körpergewichts • Testgewicht Beinpresse: Frauen 100 %, Männer 125 % des Körpergewichts
3. Schritt	2. und 3. Testsatz (nach jeweils 3 Min. Pause): Steigerung der Gewichtslast um 5 %, 10 %, oder 25 % je nach subjektivem Belastungsempfinden der Probanden
4. Schritt	Umsetzung des Testergebnisses in die Trainingsplanung

1.2.3 Ergebnisse der Testung

Tabelle 5: Testergebnisse des 15-RM-Tests der Probandin

Übung	Wiederholungen	1.Testsatz	2.Testsatz	3.Testsatz	Testergebnis
Beinpresse horizontal sitzend	15	50kg	60kg	/	60kg
Beinbeuger sitzend	15	15kg	20kg	17,5kg	17,5kg
Rückenstrecker sitzend	15	35kg	45kg	40kg	40kg
Lat-Zug vertikal sitzend	15	16kg	20kg	25kg	25kg
Butterfly-reverse sitzend	15	15kg	17,5kg	/	17,5
Bankdrücken an der Multipresse	15	24kg	28kg	/	28kg
Crunches am Gerät	15	17kg	20kg	22kg	22kg

1.2.4 Konsequenzen und Schlussfolgerung der Testung

Der Krafttest hilft dabei die Kundin in eine Leistungsstufe einzuteilen. Mit den ermittelten Gewichten des X-RM-Tests kann in der Trainingssteuerung weitergearbeitet werden. Diese sind die Grundlage für die Berechnung der Trainingsgewichte im Mesozyklus und können als Referenz für spätere Erfolge genutzt werden. Dies geschieht nach Absolvierung des Makrozyklus, sobald mit der Kundin erneut ein Mehrwiederholungstest durchgeführt wird. Dort können die Ergebnisse verglichen werden und ein Fazit gezogen werden, um die Kundin durch erreichte Leistungen beziehungsweise Steigerung ihrer Kraftwerte, weiter zu motivieren.

Tabelle 6: Grobraster zur Trainingsplanung nach der ILB-Methode (BSA/DHFPG)

Leistungs-stufe	Zeitstufe (Monate)	Orga.- form	Einheiten/ Woche	Übungen/ Muskel	Sätze/ Übung	Intensität in % ILB
Orientie-rungsstufe	0-1,5	GK	2	1-2	1-2	gering
Beginner	1,5-6	GK	2	1-2	1-2	50-70
Geübter	6,12	GK	2-3	1-2	2	60-80
Fortgeschrit-tener	> 12	GK/ Split	3-4	1-3	2-3	70-90
Leistungstrai-nierender	> 36	GK/ Split	3-6	1-4	2-4	80-100

2 Zielsetzung und Prognose

Im Eingangsgespräch äußert die Kundin bestimmte Trainingsmotive und Wünsche. Diese sind nun essenziell für die Definition der individuellen Ziele. Die Kundin leidet unter anhaltenden Rückenschmerzen, die vermutlich aufgrund ihrer Büroarbeit, die stets im Sitzen erfolgt, entstanden ist. Aus diesem Grund ist es ihr äußerst wichtig den Rücken zu stärken, um einen Ausgleich herzustellen und so schnell wie möglich beschwerdefrei zu sein. Zusätzlich möchte sie ihr Körperfett reduzieren. Hierbei steht der gesundheitliche, als auch der ästhetische Faktor im Vordergrund. Des Weiteren möchte sie ihre allgemeine Fitness steigern, um wieder vitaler und stärker zu sein. In der darauffolgenden wurden die Ziele noch einmal zusammengefasst.

Tabelle 7: Ziele der Kundin aufgrund ihrer Trainingsmotive und aktuellem Gesundheitszustand

Inhalt	Ausmaß	Zeit
Rückenmuskelstärkung (Minderung der Schmerzen)	20 % Kraftsteigerung in den Rücken-übungen	~3 Monate
Körperfettreduktion	7-8kg	~6 Monate

Allgemeines Fitnesslevel erhöhen und Kraft steigern	15 %	~2 Monate

Die Stärkung der Rückenmuskulatur wurde aus den Beschwerden der Kundin abgeleitet. Sie leidet vermehrt unter Rückenschmerzen im Bereich der Lendenwirbelsäule, welche vermutlich durch den Bewegungsmangel zu Stande kommen. Es ist davon auszugehen, dass die Rumpfmuskulatur zu schwach ist, um genug Stützkraft zu gewährleisten. Somit wird in den folgenden Mikrozyklen vermehrt auf die Stärkung der Rumpfmuskulatur eingegangen, um das entstandene Defizit auszugleichen und die Haltung zu verbessern.

Das zweite Ziel setzt sich aus dem Wunsch der Kundin schlanker zu werden und Übergewicht zu verlieren zusammen. Dabei geht es ihr zum einen darum, sich wieder gerne selbst im Spiegel anzuschauen und somit ihr Wohlbefinden und Selbstbewusstsein zu stärken. Zum anderen trägt der Verlust von Gewicht dazu bei wieder gesünder zu leben und Krankheiten vorzubeugen.

Das geschieht im Einklang mit dem Makrozyklus, da die Kundin zusätzlich einen individuellen Ernährungsplan zur Verfügung gestellt bekommt, welcher ein bestimmtes Kaloriendefizit aufweist, sodass sie pro Woche circa 500g Körperfett reduzieren kann.

Das letzte Ziel ist die allgemeine Erhöhung des Fitnesslevels und Kraftsteigerung. Durch gezielte Trainingsplanung und ein starkes Durchhaltevermögen der Kundin, kann dies Schritt für Schritt erreicht und gesteigert werden.

3 Trainingsplanung Makrozyklus

Der Makrozyklus, ist ein relativ langfristiger Trainingsabschnitt und umfasst in der Regel (eine Dauer von) sechs Monaten. Innerhalb eines Makrozyklus ist die inhaltliche und belastungsdynamische Grundstruktur wiederkehrend (G. Schnabel, J. Krug, H. D. Harre, 2016). Das Ziel ist es, komplexe sportlichen Leistungsfähigkeit immer auf ein höheres Niveau herauszubilden.

Tabelle 8: Trainingsplanung eines Makrozyklus für die Kundin (Beginner)

	Mesozyklus 1	Mesozyklus 2	Mesozyklus 3	Mesozyklus 4
Zyklusdauer	6 Wochen	6 Wochen	8 Wochen	6 Wochen
Spezifisches Trainingsziel	Kraftausdauer	Übergangstraining	Muskelaufbautraining	Maximalkrafttraining
Organisationsform	GK	GK	GK	GK
Einheiten/Woche	2	2	2	2

Übungen/Muskelgruppe	1-2	1-2	1-2	1-2
Sätze/Übung	3	3	3	3
Satzpausen	60 Sek.	60 Sek.	90 Sek.	120 Sek.
Wiederholungen	15	12	8-10	5
Intensität	50-70% ILB 50/54/58/62/66/70	50-70% ILB 50/54/58/62/66/70	50-70% ILB 50/53/56/59/62/65/68/70	50-70% ILB 50/54/58/62/66/70
Bewegungstempo Time under Tension	60 Sek. 2/0/2	48 Sek. 2/0/2	32-40 Sek. 2/0/2	20 Sek. 2/0/2

3.1 Begründung der Wahl der übergeordneten Trainingsmethode

Für die Kundin ist die Individuelle-Leistungsbild-Methode (ILB-Methode) aufgrund der geringen Belastungsintensität zum Einstieg in das Krafttraining eine ideale Möglichkeit. Da vor jedem Mesozyklus ein X-RM-Test mit den passenden Wiederholungszahlen durchgeführt wird und die Kundin zunächst nur mit 50% des ILB-Tests trainiert, wird eine Überbelastung vermieden und ein strukturierter Plan gewährleistet. Um die Trainingsreize immer weiter zu erhöhen steigert sich die Belastungsintensität bis zum Ende eines Mesozyklus auf 70% des ILB-Tests, sodass eine Leistungssteigerung gesichert ist. In den darauffolgenden Mesozyklen werden neue Adaptionen durch neue Reize ausgelöst. Angefangen mit dem Kraftausdauertraining, bis zu der Übergangsphase, die die Kundin nach 12 Wochen Training in das Muskelaufbautraining einleitet. In den letzten 6 Wochen wird der Makrozyklus mit dem Maximalkrafttraining beendet.

3.2 Begründung der Belastungsparameter

3.2.1 Belastungshäufigkeit

Um eine Kraftsteigerung zu erlangen, weitere Adaptionen auszulösen und neue Reize zu setzen, ist es für die Kundin, als Beginner im Fitnessbereich, nicht notwendig viele Einheiten pro Woche zu absolvieren. Gerade Anfänger tendieren aufgrund ihrer hohen Motivation und Begeisterung am Kraftsport oftmals dazu, zu viel zu trainieren, sodass dies zur Folge hat, dass die Erfolge und Adaptionen meist kleiner und eventuell sogar negativ ausfallen. In einer Studie konnte nachgewiesen werden, dass selbst der Reiz einer Trainingseinheit pro Woche ausreicht, um einen Muskelzuwachs zu erlangen, auch wenn jedoch durch eine weitere Trainingseinheit ein deutlich höheres Ergebnis erzielt werden konnte (K. Wirth, K. R. Atzor & D. Schmidtbleicher, 2007).

Zusätzlich kann man am Modell der Superkompensation erklären, dass sich zu viele Trainingseinheiten kontraproduktiv auf die Entwicklung und Adaption des Körpers auswirken. Das liegt daran, dass die Muskeln nicht die benötigte Zeit bekommen, um sich zu regenerieren und stattdessen, aufgrund des erhöhten Trainingsreizes, in eine Negativ-Spirale fallen und aus der Ermüdung nichtmehr herauskommen.

Bei dem Modell der Superkompensation führt ein überschwelliger Trainingsreiz zu einer Ermüdung. Falls der Körper genug Zeit für die Regeneration bekommt, erfolgt eine Superkompensation und anschließend eine Erhöhung des Leistungsniveaus (P. Hofmann, G. Tschakert, A. Müller, 2017).

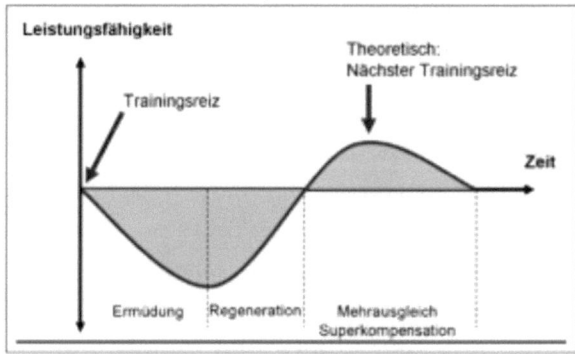

Abbildung 1: Schematischer Verlauf von Belastung,
Erholung und positiver Anpassung im Trainingsprozess
– Modell der Superkompensation (BSA/DHFPG)

3.2.2 Anzahl der Übungen pro Muskelgruppe

Die Kundin wird wie im Makrozyklus (Tabelle 8) geplant, ein bis zwei Übungen pro Muskelgruppe in einer Trainingseinheit durchführen. Das geschieht je nach Relevanz für ihr Ziele, Gesundheit und Vorbelastung. Grundsätzlich absolviert sie ein Ganzkörpertraining, mit dem Schwerpunkt auf Ihre Probleme im Rumpfbereich.

3.2.3 Anzahl der Sätze pro Übung

Damit eine Überbelastung vermieden werden kann, sind die Satzzahlen pro Übungen in allen vier Mesozyklen gleich gewählt. Sie führt jeweils 3 Sätze durch, damit ein trainingswirksamer Reiz entsteht.

3.2.4 Intensität

Die Individuelle-Leistungsbild-Methode ist richtgebend für die Intensität und ergibt sich aus den Ergebnissen des Mehrwiederholungstests. Die Intensität wird während jedem Mesozyklus gesteigert und startet bei 50% des ILB-Tests und endet schließlich bei 70%.

3.3 Begründung der Organisationsform

Für die Kundin wird in den ersten Wochen des Trainings ein Trainer zur Verfügung stehen, der ihr hilft, den Trainingsplan in allen Mesozyklen zu absolvieren, bis die Übungsausführung und die Durchführung klar sind und die Kundin selbstständig trainieren kann. Da die Kundin ein Ganzkörpertraining absolviert, ist sichergestellt, dass sie jede Woche alle Muskelgruppen ausreichend belastet, um einen trainingswirksamen Reiz zu setzen und dennoch genug Zeit für die Regeneration hat.

3.4 Begründung der Periodisierung

Die Kundin trainiert in einer linearen Periodisierung, da sich die Wiederholungszahlen innerhalb der Sätze pro Übung in jedem Mesozyklus verringern und die Intensität gleichzeitig erhöht wird. Der Makrozyklus beinhaltet eine Länge von 26 Wochen. Die lineare Periodisierungsform stellt sicher, dass die Muskulatur möglichst vielen und verschiedenen Reizen ausgesetzt wird. Aufgrund dessen, dass die Kundin anfängt auf einem Beginner Level zu trainieren und noch keine Vorkenntnisse besitzt, wird mit einem sechswöchigen Muskelausdauertraining und geringer Intensität gestartet. Zudem hat es den Vorteil, dass die Ermüdungsresistenz der Muskulatur trainiert und kardio-vaskuläre Adaptionen hervorgerufen werden. In den darauffolgenden sechs Wochen wird die Kundin eine Übergangsphase zwischen Muskelausdauer- und dem Muskelaufbauzyklus absolvieren, um sie an die geringeren Wiederholungszahlen und die höhere Intensität zu gewöhnen. Der achtwöchige Muskelaufbauzyklus folgt direkt im Anschluss und besitzt den Fokus den Muskelaufbau zu fördern und durch die Stärkung der Rumpfmuskulatur den Rückenschmerzen im LWS-Bereich entgegen zu wirken. Anschließend folgt der letzte sechswöchige Mesozyklus, das Maximalkrafttraining, indem die Intensität am höchsten ist und die Muskulatur somit zu neuromuskulären Adaptionen gezwungen wird.

4   Trainingsplanung Mesozyklus

Tabelle 9: Mesozyklus 4 Kraftausdauertraining

	Mesozyklus 4
Zyklusdauer	6 Wochen
Spezifisches Trainingsziel	Maximalkrafttraining
Organisationsform	GK
Einheiten/Woche	2
Übungen/Muskelgruppe	1-2
Sätze/Übung	3

Satzpausen	120 Sek.
Wiederholungen	5
Intensität	50-70% ILB
	50/54/58/62/66/70
Bewegungstempo	24 Sek.
Time under Tension	2/0/2

In dem Letzten sechswöchigen Mesozyklus wird in Form eines Ganzkörpertrainings die Maximalkraft trainiert. Nachdem spezifischen Aufwärmen vor jeder Übung trainiert die Kundin innerhalb von drei Sätzen pro Übung, jede Muskelgruppe ein bis zweimal. Ein Satz besteht aus fünf Wiederholungen, mit einem Bewegungstempo (Time under Tension) von 24 Sekunden und jeweils einer Pause von 120 Sekunden, damit die Kundin Zeit für die Regeneration ihrer Muskulatur hat. Das bedeutet, das die Kundin für eine Wiederholung sowohl konzentrisch als auch exzentrisch jeweils 2 Sekunden belastet wird.

Tabelle 10: Detaillierter Mesozyklus (Maximalkrafttraining)

Übung	Wdh.	ILB-Test	Woche 1 50% ILB	Woche 2 54% ILB	Woche 3 58% ILB	Woche 4 62% ILB	Woche 5 66% ILB	Woche 6 70% ILB
Beinpresse horizontal sitzend	5	70kg	35kg	38kg	41kg	43kg	46kg	49kg
Beinbeuger sitzend	5	25kg	12,5kg	14kg	15kg	16kg	17,5kg	19kg
Rückenstrecker sitzend	5	50kg	25kg	27,5kg	30kg	32,5kg	35kg	37,5kg
Lat-Zug vertikal sitzend	5	32kg	16kg	17kg	19kg	20kg	21kg	22kg
Butterfly-reverse sitzend	5	20kg	10kg	11kg	12kg	12,5kg	13kg	14kg
Bankdrücken an der Multipresse	5	36kg	18kg	19kg	21kg	22kg	24kg	25kg
Crunches am Gerät	5	30kg	15kg	16kg	17kg	19kg	20kg	21kg

4.1 Begründung der Übungsauswahl

Um den Einstieg in das Krafttraining zu erleichtern wird in dem ersten Trainingsplan auf eine geringe Übungsauswahl gesetzt, damit durch Kontinuität und Erfahrungswerte sich die Kundin schnell in einer Routine befindet und Fehler vermieden werden. Die Auswahl enthält sieben verschiedene Übungen, die ein Ganzkörpertraining darstellen.

Die verschiedenen Übungen beschränken sich auf geführte Geräte, um weitere Fehler zu vermeiden und eine richtige Ausführung zu gewährleisten, damit das Verletzungsrisiko minimiert werden kann.

4.1.1   Beinpresse horizontal sitzend

Am Anfang des Trainings wird mit der Beinpresse nicht nur ein Reiz in den Beinen, sondern durch ihre Komplexität auch im Ganzen unteren Körper gesetzt. Mithilfe der streckenden Bewegung an dem Gerät wird versucht der ständig sitzenden Tätigkeit der Kundin entgegen zu wirken und somit Hüft- und Kniegelenk zu öffnen. Hinzu kommt das bei dem Training an der Beinpresse der untere Rücken angesprochen wird und somit zusätzlich den Rumpf stärkt und Rückenschmerzen vorbeugt. Da die Beinpresse die größte Muskulatur beansprucht, wird in dieser Übung die meiste Energie verbrannt und hilft der Kundin bei dem Verlust von Körperfett.

4.1.2   Beinbeuger sitzend

In der zweiten Übung geht es ähnlich wie bei der Beinpresse um die Stärkung und Öffnung des Hüftgelenks. Dies wird hierbei durch die Stärkung des hinteren Oberschenkelmuskels vollzogen, der vor allem für die Beugung des Kniegelenks zuständig ist und teilweise die Streckung des Hüftgelenks vollzieht. Für die Kundin ist die Übung deshalb ein wichtiger Bestandteil um ihren Bewegungsmangel auszugleichen.

4.1.3   Rückenstrecker sitzend

Um die Rückenmuskulatur isoliert und unabhängig vom eigenen Körpergewicht trainieren zu können (Gottlob 2009, S.385ff) und dem LWS-Syndrom der Kundin entgegenwirken zu können, wird anschließend an das Beintraining der Rückenstrecker sitzend am Gerät absolviert. Diese Übung fördert die Haltung und Schmerzlinderung der Kundin mit Hilfe der Stärkung im Rumpfbereich.

4.1.4   Lat-Zug vertikal sitzend

Eine weitere Übung für die Rückenmuskulatur stellt der Lat-Zug dar. Dabei wird sitzend eine breite Stange vertikal zur Brust gezogen, um den Musculus latissimus und Musculus trapezius zu beanspruchen. Diese Übung wurde für die Kundin ausgewählt um ihre grundsätzliche Haltung im Alltag zu verbessern und die Rückenmuskulatur zu stärken.

4.1.5 Butterfly-reverse sitzend

Um die Haltung zusätzlich zu verbessern, wird mit der fünften Übung die Rückenmuskulatur und hintere Schultermuskulatur belastet und der Oberkörper geöffnet. Langfristig wird mit dem Butterfly-reverse die Schultern nach hinten gezogen und der obere Rücken trainiert. Für die Kundin bringt die Verbesserung ihrer Haltung Vorteile im Bezug auf weniger Verspannungen im Rücken und somit zusätzlich eine Schmerzlinderung.

4.1.6 Bankdrücken an der Multipresse

Als vorletzten Übung folgt das Bankdrücken an der Multipresse in dem die Kundin um einen kompletten Ganzkörpertrainingsplan zu absolvieren, den großen Brustmuskel, den Trizeps und den vorderen Teil des Deltamuskels trainiert.

4.1.7 Crunches am Gerät

Am Ende des Trainings darf die Stärkung der Bauchmuskulatur nicht fehlen, die einen großen Anteil an der Rumpfmuskulatur hat und somit den gesamten Oberkörper mit stützt und wieder stärkt. Die Kundin profitiert daraus sehr, da das Bauchmuskeltraining wieder auf die richtige Haltung abzielt und durch trainieren der gesamten Bewegungsamplitude zusätzlich für ein Öffnungsmuster sorgen kann.

5 Literaturrecherche

5.1 Studie 1: Kardiovaskuläre Effekte eines aeroben versus eines isometrischen Trainings bei arterieller Hypertonie

	Studie
Autoren	Vlatsas, Stergios
Jahr	2015
Forschungsfrage	Vergleich des kardiovaskulären Effektes von aerobem Training und isometrischem Faustschlusstraining
Versuchspersonen	70 Patienten mit bekannter medikamentös behandelter arterieller Hypertonie oder einem Blutdruck ≥ 140/90 mmHg ohne medikamentöse Therapie
Versuchsaufbau	Die Probanden wurden anfangs zufällig in drei Gruppen aufgeteilt. Mit der ersten Gruppe, bestehend aus 25 Personen, wurde über einen Zeitraum von 12 Wochen ein isometrisches Training fünfmal pro Woche absolviert (Faustschlusskontraktion mit 30% der maximalen Kraft). Innerhalb der zweiten Gruppe (Placebo), aus 23 Probanden, wurde dasselbe Training wie in der ersten Gruppe durchgeführt, allerdings mit einem Placebo-Gerät (Kontraktion mit 5% der maximalen Kraft). Die Letzten 22 Patienten wurden in der dritten

Schlussfolgerung	Gruppe zusammengefasst und mit einem fünfmaligem 30-45-Minütigen aeroben Ausdauertrainings pro Woche versehen. Alle Probanden unterzogen vor den Testwochen einer 24-Stunden-Blutdruckanalyse. Nachdem die 12 Wochen in den verschiedenen Gruppen absolviert wurden, wurde eine weitere 24-Stunden-Blutdruckanalyse bei jedem Probanden vollzogen. Es stellte sich heraus, dass die Trainingsgruppe, die das aerobe Training absolviert hatte, sowohl eine statistisch signifikante Senkung des diastolischen als auch des systolischen Blutdrucks vorzuweisen hatte. Dahingegen wurde bei den Trainingsgruppen des isometrischen Trainings keine statistisch signifikanten Veränderungen festgestellt. Damit bestätigt die Studie, dass das aerobe Training einen positiven Effekt auf Hypertonie Patienten hat, wohingegen beim isometrischen Faustschlusstraining keine blutdrucksenkende Tendenz zu erkennen war.

5.2 Studie 2 Auswirkungen von Ausdauer- vs. Krafttraining vs. Der Kombination Ausdauer-/Krafttraining auf die systematische Hämodynamik, Gefäßelastizität sowie Herzfrequenzvariabilität bei Patienten mit arterieller Hypertonie

	Studie
Autor	Anna B. Bickenbach, Andrea Solera, Hans G. Predel, Klaus Baum
Jahr	2011
Forschungsfrage	Vergleich eines reinen Ausdauertrainings vs. eines reinen Krafttrainings vs. der Kombination aus beiden Trainingsformen auf die systematisch Hämodynamik, Gefäßelastizität und Herzfrequenzvariabilität bei Patienten mit arterieller Hypertonie
Versuchspersonen	55 therapienaive Hypertoniepatienten (42 Männer, 13 Frauen)
Versuchsaufbau	Die Probanden absolvierten innerhalb von 12 Wochen jeweils drei Trainingseinheiten pro Woche und wurden vorher nach dem Zufallsprinzip in die verschiedenen Untersuchungsgruppen eingeteilt. Diese unterscheiden sich in ein reines Ausdauertraining (AT), ein reines Krafttraining (KT) oder die Kombination aus beiden Trainingsformen (AKT). Zusätzlich wurden die Probanden in einer 24-Stunden-Blutdruckanalyse und HRV Analyse untersucht. Außerdem wurde die Gefäßelastizität bestimmt.
Schlussfolgerung	Innerhalb der 12 Wochen wurde die Leistungsfähigkeit in allen drei Trainingsgruppen signifikant erhöht. Dabei verminderte sich der Blutdruck in der AKT Gruppe am meisten um -5,80 mmHg (4,18%).Eine Reduktion des Blutdrucks war ebenso bei den anderen beiden Gruppen festzustellen, KT um -4,90 mmHg (3,44%) und AT um -3,30 mmHg (2,35%). Bei den Parametern der HRV und der Gefäßelastizität war keine statistisch signifikante Veränderung festzustellen. Die Ergebnisse zeigen klar, das die besten Blutdrucksenkungen in der kombinierten Gruppe erreicht werden konnten, was aber auch auf den doppelten Trainingsaufwand zurück zu führen sein könnte. Dennoch wird klar, das Krafttraining in den Trainingsalltag von Hypertoniepatienten integriert werden sollte, da der Blutdruck so gesenkt werden kann.

6 Literaturverzeichnis

James, E., Graves & Barry, A., Franklin (2001), Resistance Training for Health and Rehabilitation. Champaign, IL: Human Kinetics

Schnabel, G., Krug, J., & Harre, H. D. (2016). Trainingslehre-Trainingswissenschaft: Leistung-Training-Wettkampf. Meyer & Meyer

Wirth, K., Atzor, K. R. & Schmidtbleicher, D. (2007). Veränderung der Muskelmasse in Abhängigkeit von Trainingshäufigkeiten und Leistungsniveau. Deutsche Zeitschrift für Sportmedizin, 58 (6), 178-183.

Stephan, A., Goebel, S., Schmidtbleicher, D. (2011). Effekte maschinengestützten Krafttrainings in der Behandlung chronischen Rückenschmerzes. Deutsche Zeitschrift für Sportmedizin. Abgerufen am 20.09.2020 von https://www.germanjournalsportsmedicine.com/fileadmin/content/archiv2011/heft03/pdf_3_2011/originalia_stephan_01.pdf

Ehlenz, H.Grosser, M & Zimmermann, E. (1998). Krafttraining. Grundlagen Methoden Übungen Leistungssteuerung Trainingsprogramme. (6.Aufl.). München: BLV

Gottlob, A., (2009), Differenziertes Krafttraining mit Schwerpunkt Wirbelsäule (3. Auflage). München: Urban & Fischer Verlag

Vlatsas, Stergios,(2007) Kardiovaskuläre Effekte eines aeroben versus eines isometrischen Trainings bei arterieller Hypertonie. Dissertation, Charité – Universitätsmedizin Berlin. Abgerufen am 20.09.2020 von https://refubium.fu-berlin.de/handle/fub188/1246

7 Abbildungs- und Tabellenverzeichnis

7.1 Abbildungsverzeichnis

Abbildung 1: Schematischer Verlauf von Belastung,..10

7.2 Tabellenverzeichnis

Tabelle 1: Allgemeine und biometrische Daten 4
Tabelle 2: Blutdruckklassifikation der AHA (American Heart Association) 4
Tabelle 3: Allgemeiner Gesundheitszustand 5
Tabelle 4: Methodischer Ablauf eines Mehrwiederholungskrafttest zur Ermittlung des 12-RM
(Testablaufschema nach Zimmer, 1999, S.45-47)..6
Tabelle 5: Testergebnisse des 15-RM-Tests der Probandin 6
Tabelle 6: Grobraster zur Trainingsplanung nach der ILB-Methode (BSA/DHFPG) 7
Tabelle 7: Ziele der Kundin aufgrund ihrer Trainingsmotive und aktuellem Gesundheitszustand 7
Tabelle 8: Trainingsplanung eines Makrozyklus für die Kundin (Beginner) 8
Tabelle 9: Mesozyklus 4 Kraftausdauertraining 11
Tabelle 10: Detaillierter Mesozyklus (Maximalkrafttraining)...12